Misterios DE LAS PIRÁMIDES

La autora, Anne Millard, *es doctora en Egiptología
por la Universidad de Londres. Ha escrito
numerosos libros sobre el antiguo Egipto y
otros temas relacionados con la Historia antigua.*
El asesor, George Hart, *es egiptólogo y trabaja en el
Departamento de Educación del Museo Británico de Londres.
Ha publicado numerosas obras sobre las pirámides
y los escritos egipcios.*

Colección coordinada por Paz Barroso
Traducción del inglés: Marisa Rodríguez
Título original: *Mysteries of the Pyramids*
Colección diseñada por Aladdin Books Ltd. - 28 Percy Street -
London W1P OLD

Documentación gráfica: Brooks Krikler Research
Ilustraciones: Francis Phillipps, Stephen Sweet -
Simon Girling y Asociados, Rob Shone

Editado por primera vez en Gran Bretaña en 1995 por
Aladdin Books/Watts Books
96 Leonard Street, London EC2A 4RH

© Aladdin Books Ltd., 1996
© Ediciones SM, 1997
Joaquín Turina, 39 - 28044 Madrid.
Comercializa: CESMA, S.A. - Aguacate, 43 - 28044 Madrid

ISBN: 84-348-5690-5
Fotocomposición: Grafilia, S.L.
Depósito legal: M-32531-1997
Impreso en España/*Printed in Spain*
Gráficas Muriel, S.A. - Buhigas, s/n - Getafe (Madrid)

Misterios
DE LAS
PIRÁMIDES

Anne Millard

sm

saber

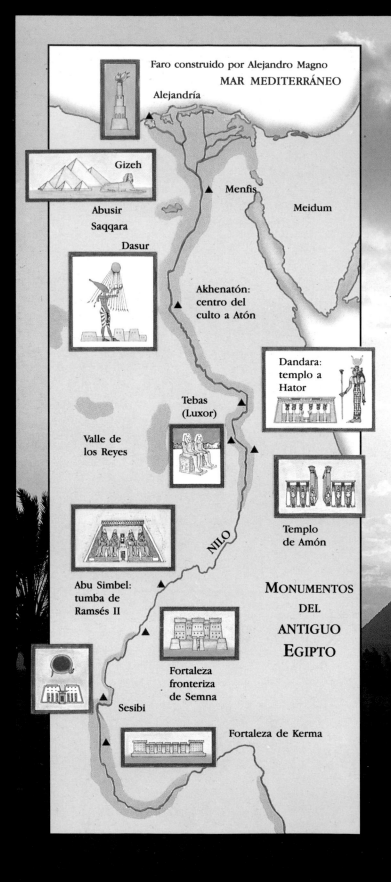

Faro construido por Alejandro Magno

MAR MEDITERRÁNEO

Alejandría

Gizeh

Menfis

Meidum

Abusir

Saqqara

Dasur

Akhenatón:
centro del
culto a Atón

Dandara:
templo a
Hator

Tebas
(Luxor)

Valle de
los Reyes

Templo
de Amón

NILO

Abu Simbel:
tumba de
Ramsés II

MONUMENTOS
DEL
ANTIGUO
EGIPTO

Fortaleza
fronteriza
de Semna

Sesibi

Fortaleza de Kerma

ÍNDICE

*"El cielo está encapotado,
las estrellas se han oscurecido,
la inmensidad celestial se estremece,
los huesos de los dioses terrestres se agitan,
los planetas se han detenido,
pues han visto al Rey aparecer con todo su poder..."*
(Comienzo del Texto 273 de las Pirámides)

Introducción a
LOS MISTERIOS

Tres grandes pirámides y seis más
pequeñas presiden silenciosa y
misteriosamente la meseta de Gizeh, en
Egipto. Al otro lado del Atlántico, en
Centroamérica y Suramérica, también se
elevan, entre la selva tropical,
unas enormes estructuras piramidales.
Todas ellas son obra de grandes
imperios que han desaparecido
para siempre.

Hay más de una treintena de pirámides
en Egipto. Sin embargo, con el paso de los siglos, todo
lo que se sabía sobre ellas fue cayendo en el olvido.
Al no poseer datos históricos, algunas personas concibieron
ideas extrañas y maravillosas sobre su finalidad: se
ha pensado que eran desde antiguos observatorios hasta
obra de extraterrestres.
Las pirámides no fueron estudiadas en profundidad
hasta el siglo XIX. Desde la época de los primeros
exploradores, se han resuelto numerosos enigmas,
pero la ciencia moderna aún no puede explicar
algunos misterios. Recientemente, un equipo francés
y otro japonés afirmaron tener pruebas
de la existencia de otras cámaras en la Gran
Pirámide de Gizeh, que habrían permanecido selladas
desde el reinado de Keops, hace más de 4.000 años.
¿Qué secretos revelarán estas cámaras?
¿Nos ayudarán a comprender la gran
civilización del antiguo Egipto?

> "Para trepar mejor, nos despojamos de los zapatos y de casi todas nuestras ropas, pues nos habían avisado del calor que reinaba en el interior, ardiente como un horno. Nuestro guía encabezaba la marcha. Todos portábamos antorchas. Un pasadizo aterrador... apenas un metro de ancho y metro y medio de alto... siempre encorvados y en ocasiFones a gatas."
>
> (Relato de uno de los primeros exploradores de las pirámides)

Los primeros
EXPLORADORES

Hoy día, en el interior de las pirámides abiertas al público hay luz eléctrica, escaleras y barandillas a lo largo del recorrido. Sin embargo, cuando los primeros exploradores se adentraron en ellas, hace unos 300 años, sólo contaban con la vacilante luz de sus antorchas, su propia fortaleza física y la ayuda de los guías para enfrentarse al intenso calor y la espantosa oscuridad de las pirámides. Además, el olor era terrible y el aire estaba cargado de polvo.
Sin embargo, esos intrépidos exploradores desafiaron el peligro y realizaron descubrimientos fascinantes.

Los primeros visitantes de las pirámides de Gizeh fueron los mismos antiguos egipcios. Con posterioridad, también las visitaron los griegos y los romanos. Tras la invasión de Egipto por los árabes en el año 639 d.C., las piedras que recubrían las pirámides se utilizaron para construir la ciudad de El Cairo.
A partir de entonces y durante varios siglos muy pocas personas pudieron visitar Egipto y, en consecuencia, los estudiosos dispusieron de escasa información sobre estos edificios asombrosos.
Las monumentales pirámides causaban asombro y la gente se preguntaba si eran simples tumbas o si no habrían tenido otros usos.

Exploradores y DESCUBRIDORES

A lo largo de la historia, los hombres han tratado de entender por qué se construyeron las pirámides. Los primeros cristianos creyeron que eran lugares donde los sacerdotes observaban las estrellas. Ya en el siglo XIX, algunas personas pensaron que las medidas de la Gran Pirámide estaban inspiradas por Dios y que, a partir de ellas, era posible predecir el futuro. En esa época se descifró la antigua escritura egipcia y comenzaron las excavaciones arqueológicas. Entonces se supo que las pirámides eran el lugar de descanso eterno de los faraones del antiguo Egipto.

EL PADRE DE LA ARQUEOLOGÍA
Sir William Flinders Petrie (1852-1942) está considerado como el padre de la arqueología moderna. Realizó excavaciones minuciosas, lo anotó todo con detalle y publicó los resultados de sus investigaciones. Su primer trabajo en Egipto fue la medición de la Gran Pirámide.

UN EXPLORADOR DEL S. XVII
Jean de Thevenot (1633-1667) fue uno de los primeros exploradores del antiguo Egipto (ilustración inferior).

LA ESFINGE ENTERRADA
Cuenta una leyenda egipcia que la Esfinge (la estatua que vigila la entrada de las pirámides) se apareció en sueños a un príncipe y le prometió hacerle rey si quitaba la arena que recubría su cuerpo. Lo hizo y se convirtió en Tutmosis IV.

LA PESADILLA DE NAPOLEÓN
Napoleón Bonaparte emprendió una campaña militar y científica en 1798 para liberar Egipto de los otomanos. Según cuenta la leyenda, se adentró solo en la Gran Pirámide y salió pálido, tembloroso y con la respiración entrecortada. ¿Qué vio en el interior? Jamás lo sabremos...

BUSCADORES DE TESOROS

A comienzos del siglo XIX, los coleccionistas y sus agentes causaron grandes daños. Éstos entraban en las tumbas de cualquier forma, incluso volando los muros con dinamita. Un coleccionista contrató a Giovanni Belzoni, un forzudo de circo, para encontrar objetos egipcios antiguos. En uno de sus escritos, Belzoni describe cómo aplastó momias del Imperio Nuevo para poder abrirse paso por una tumba.

La conservación de los tesoros

Muchos museos y universidades han excavado diversos yacimientos en Egipto. Los objetos hallados se someten a unos tratamientos especiales para asegurar su conservación, y se catalogan y almacenan para una futura investigación. Hoy día, los científicos emplean tecnología moderna, como rayos X y escáneres (abajo), para obtener información sobre las tumbas y sus moradores.

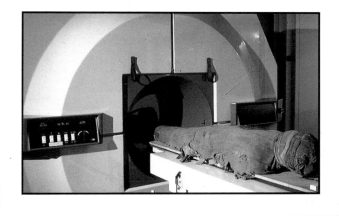

PINTADAS EN LAS PIRÁMIDES

Belzoni incluso grabó su nombre en las piedras de las pirámides.

¿Cuándo llegaron los primeros turistas?
En el año 1869, Thomas Cook, un agente de viajes británico, compró un barco de vapor en Egipto y ofreció un servicio inexistente en la época: viajes organizados.
El precio incluía todo: el desplazamiento hasta Egipto, alojamiento, un crucero por el Nilo y un guía.
Hasta entonces, los visitantes que iban hasta aquel país debían organizar todo por su cuenta, lo que en ocasiones resultaba complicado y extremadamente caro.

TERRITORIO INEXPLORADO

Después de que los árabes invadieran Egipto, muy pocas personas pudieron visitar el país. De ahí que se supiera muy poco acerca de las pirámides, el valle del Nilo y la cultura y la historia del antiguo Egipto.

Descifrar los JEROGLÍFICOS

En torno al 3000 a.C., los egipcios habían inventado ya una escritura en la que representaban las palabras mediante figuras o símbolos llamados jeroglíficos. Algunos de los símbolos representaban un sonido. Otros correspondían a dos, tres o más sonidos juntos. Los símbolos se combinaban para formar palabras. La escritura jeroglífica era muy lenta y laboriosa, motivo por el que los egipcios inventaron una escritura más simple, llamada hierática, y unos 2.500 años después, otra llamada demótica. Estas dos se empleaban en la vida cotidiana, mientras que los jeroglíficos se reservaban para los textos religiosos. Durante siglos, nadie pudo descifrar los jeroglíficos, pero en 1822 tuvo lugar un gran descubrimiento…

CARTELAS REALES
Para destacar y proteger los nombres sagrados o reales, los egipcios los enmarcaban en un óvalo llamado cartela (arriba). Champollion (ver abajo) utilizó las cartelas de la piedra de Rosetta para descifrar los jeroglíficos. Leyó en la versión griega la cartela reproducida aquí debajo. Se refería a Tolomeo V, un rey de Egipto. Después, Champollion averiguó qué jeroglíficos componían el nombre de este rey.

P T O L M Y S

LA CLAVE
La piedra de Rosetta contiene el mismo texto en escritura jeroglífica, demótica y griega. Fue descubierta en Egipto en 1799.

* signo sin traducción

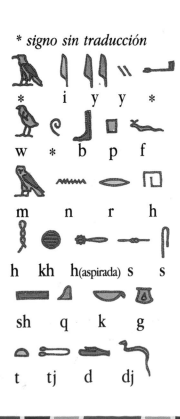

*	i	y	y	*
w	*	b	p	f
m	n	r	h	
h	kh	h(aspirada)	s	s
sh	q	k	g	
t	tj	d	dj	

EL DESCIFRADOR DEL CÓDIGO
En 1822, un joven y brillante estudioso llamado Jean François Champollion utilizó sus conocimientos de griego clásico para descifrar la escritura egipcia de la piedra de Rosetta. Por fin se desvelaron muchos misterios de los jeroglíficos.

NUEVOS TEXTOS

La última inscripción jeroglífica se grabó en el templo de Filé en el 394 d.C. Tras su desaparición, fue reemplazado por la escritura copta. Este término procede de la palabra árabe gubti, basada en el nombre con que los antiguos griegos conocían Egipto.

Texto demótico

Estuche de escriba

Matemáticas antiguas
Los egipcios también utilizaban símbolos para los números. ¿Te atreves a escribir 2.375 en números egipcios?

1	10	100	1 000
10 000	100 000	1 000 000	

RESPUESTA:

EL PAPIRO

Además de grabar y pintar jeroglíficos en paredes y tablillas de piedra, los egipcios también escribían sobre unas hojas hechas con un tipo de junco llamado papiro (abajo). La parte interior del tallo del papiro se cortaba en tiras, que se humedecían y prensaban hasta obtener grandes pliegos de papel. Han sobrevivido muchos papiros, que se han conservado bien gracias al clima seco de Egipto.

INSCRIPCIONES REALES

En la pirámide del último rey de la Dinastía V y en todas las pirámides de la Dinastía VI encontramos unas inscripciones llamadas Textos de las Pirámides. Los antiguos egipcios creían que las oraciones, ruegos y fórmulas rituales de esas

inscripciones contribuían a que el rey accediera al Más Allá (cielo).

Los egipcios esperaban que los dioses, como Anubis (izquierda), dieran la bienvenida al rey y permitieran su paso al Más Allá para que disfrutara de una vida nueva, dichosa y eterna.

> "El cantero de piedras valiosas perfecciona su técnica en todas las piedras duras. Al acabar la jornada, sus brazos están destrozados y su cuerpo cansado. Cuando se sienta a la puesta de Ra (Sol), sus muslos y su espalda son presa de los calambres."
>
> (De *La sátira de los artesanos*)

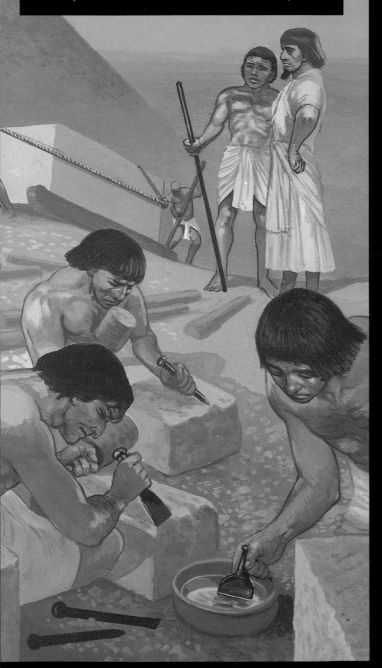

La construcción de las PIRÁMIDES

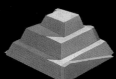

¿Por qué se construyeron las pirámides? ¿Quién las erigió? ¿Cómo se edificaron? Estas cuestiones desconcertaron al mundo durante siglos, incluso después de que Champollion descifrara los jeroglíficos. Entonces quedó claro que las pirámides eran tumbas. Los nombres de los reyes que habían ordenado construirlas estaban grabados o pintados en las tumbas, junto con los nombres de las cuadrillas de trabajadores que las levantaron, garabateados en las piedras.

La mayoría de los egipcios de la Antigüedad eran campesinos. En Egipto llueve poco, pero el Nilo lo abastece de agua. Cada año, el río inundaba las riberas y dejaba tras de sí un lodo negro rico en sedimentos. Durante los cuatro meses en que las márgenes permanecían anegadas, los campesinos no podían trabajar sus tierras, así que eran llamados por el rey para trabajar en su pirámide. Este trabajo era una forma de pagarle sus tributos. A pesar de lo duro de la tarea, los súbditos solían acudir de buena gana. Creían que el rey era un dios y que cuidaría de ellos desde el Más Allá en reconocimiento a su labor.

Edificación y MANO DE OBRA

Tras elegir un emplazamiento adecuado, se nivelaba el terreno y se trazaba en el suelo el perímetro de la base de la pirámide. Entonces comenzaba la construcción. Las cuadrillas de trabajadores arrastraban los bloques de piedra sobre trineos de madera hasta su sitio. Finalmente, la pirámide se revestía con una cubierta de piedra caliza blanca.

POR AGUA Y POR TIERRA
Casi toda la piedra empleada en las pirámides procedía de canteras locales, pero la fina caliza de revestimiento (derecha) procedía de Tura, en la margen oriental del Nilo. Estos bloques se transportaban por barco hasta la orilla opuesta y luego se cargaban sobre un trineo de madera. Cada trineo llevaba un solo bloque y era arrastrado hasta su emplazamiento por una cuadrilla de trabajadores. Los trineos se deslizaban por la arena, sobre la que se vertía agua para evitar que la madera se recalentara, o sobre rodillos de madera que se iban colocando a su paso.

FASES DE LA CONSTRUCCIÓN
Incluso las pirámides de lados planos se construían sobre la base de una pirámide escalonada (arriba). Para levantar la estructura central, los bloques de piedra probablemente fueran arrastrados por rampas hechas de adobes y escombros (centro). Una amplia rampa (abajo) permitiría la colocación del revestimiento exterior. Esa rampa se alargaría y elevaría a medida que crecía la pirámide, y se desmontaría al finalizar la construcción.

¿Cuántos bloques hacían falta para construir una pirámide?
Dependía del tamaño de la pirámide. La Gran Pirámide tiene unos 2.300.000.
¿Cuánto pesaba cada bloque?
También dependía del tamaño de la pirámide. La mayoría de los bloques de la Gran Pirámide pesan unas 2,5 toneladas.

EL ARQUITECTO SAGRADO
Imhotep fue el encargado de diseñar la primera pirámide. En torno al 2660 a.C., concibió una pirámide escalonada para el rey Zoser. Su gran inteligencia y la majestuosidad de su pirámide hicieron que más tarde se le adorara como a un dios.

El complejo piramidal

En el extremo de un complejo piramidal estaba el templo de acogida, donde probablemente se preparaba el cuerpo del rey para el entierro. Una calzada llevaba hasta un templo funerario, donde se realizaban las ofrendas al espíritu del rey. También había una pequeña pirámide para la reina, y tumbas rectangulares, llamadas mastabas, para la familia real y los cortesanos.

Templo funerario

Calzada

Templo de acogida

BLANCO RESPLANDECIENTE
En origen, las pirámides estaban recubiertas de piedra caliza blanca (arriba). Por desgracia, fue robada a lo largo de los siglos.

UNA NUMEROSA MANO DE OBRA
La construcción de una pirámide requería el trabajo de canteros, obreros y otros artesanos de forma continua. Pero la construcción avanzaba sobre todo durante los meses de la crecida del Nilo, cuando los campesinos acudían a la obra como forma de pagar sus tributos. El rey les proporcionaba comida, alojamiento y ropa. A veces llegaban a juntarse hasta 80.000 personas, de manera que organizar su vida y su trabajo con eficiencia suponía una verdadera hazaña. Los trabajadores cobraban en especies: lino, cerveza o aceite. También recibían alimentos, como carne, pescado, verduras, fruta, queso y una especie de pan integral.

LAS HERRAMIENTAS DEL GREMIO
Los constructores de pirámides del Imperio Antiguo tenían formones y sierras de cobre, y trineos de madera para arrastrar los sillares. Para extraer la piedra de la cantera, se introducían cuñas de madera en las grietas y se las empapaba en agua. Al hincharse la madera, la roca se rajaba. Otro método empleado era calentar la roca y después arrojar agua fría sobre ella para que se agrietara.

17

Las pirámides
Y LOS REYES

Los reyes de Egipto eran considerados dioses y eran tratados con gran respeto. En un principio, se les enterraba en tumbas de adobe rectangulares. Pero el gran Imhotep, considerando que los adobes de barro no aguantaban bien el paso del tiempo, diseñó una mastaba de piedra para su rey, Zoser. Además, aumentó el tamaño de la mastaba colocando otra encima, luego otra y otra…, y así nació la primera pirámide escalonada. El rey Huni construyó otra pirámide escalonada, pero su hijo Snefru eliminó los peldaños. Desde entonces, todas las pirámides de los faraones egipcios se construyeron con lados planos.

GRANDES MONUMENTOS

Las pirámides más grandes y mejor construidas son las de Gizeh. Pertenecen a los tres reyes de la Dinastía IV: Keops, su hijo Kefrén y su nieto Micerino. La de Keops es la Gran Pirámide, pero la de Kefrén parece mayor porque está construida en un terreno más elevado y aún conserva parte de su cubierta caliza. En las tumbas se colocaban figurillas (arriba) para que cuidaran del rey.

UN ESPÍRITU MÁGICO

La pirámide de Zoser estaba rodeada de edificios. Se creía que su espíritu los atravesaba por arte de magia.

EL CEMENTERIO REAL

Las pirámides más pequeñas y peor construidas de Abusir y Saqqara pertenecen a los reyes de las Dinastías V y VI. Estos yacimientos están llenos de tumbas de todos los periodos de la historia egipcia. Destaca la pirámide del rey Userkaf (derecha), en la que hay una cabeza colosal del gobernante.

UN DESASTRE TOTAL

La pirámide de Meidum fue el error más grave de los ingenieros egipcios. Su revestimiento externo se desprendió, arrastrando consigo parte de las paredes. Los ingenieros habían apoyado el revestimiento sobre unos cimientos de arena en lugar de roca.

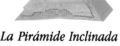

La Pirámide Inclinada de Dasur

Zoser (derecha), un rey-dios de Egipto

Única en su clase

La Gran Pirámide es diferente a cualquier otra pirámide: tiene tres cámaras en lugar de una. ¿Pretendían con ello engañar a los ladrones de tumbas? La cámara más elevada es la funeraria. Allí descansaba el rey.

La Gran Pirámide de Gizeh

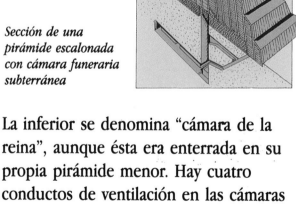

Sección de una pirámide escalonada con cámara funeraria subterránea

La inferior se denomina "cámara de la reina", aunque ésta era enterrada en su propia pirámide menor. Hay cuatro conductos de ventilación en las cámaras del rey y de la reina. ¿Para qué servían? Algunos creen que eran para permitir que los espíritus reales llegaran a las estrellas. La mayoría de las demás pirámides son más simples, pues presentan una cámara funeraria central y dos o tres antecámaras.

"¡Oh rey, no abandonas esta vida
muerto, la abandonas vivo!...
¡Elévate, oh rey! Recibe tu cabeza,
recoge tus huesos,
junta tus miembros..."

(Texto de las Pirámides)

Vida después de LA MUERTE

Los egipcios creían que sólo disfrutarían de la vida en el Más Allá si conservaban sus cuerpos. Incluso el faraón debía conservar el suyo por si lo necesitaba, aunque su alma viajaba hasta reunirse con sus parientes divinos.

En los primeros tiempos del imperio egipcio, la gente era enterrada en fosas poco profundas cavadas en el desierto. La arena desecaba y conservaba los cuerpos de forma natural. Sin embargo, cuando los egipcios comenzaron a enterrar a sus reyes y nobles en tumbas espléndidas, descubrieron que los cuerpos se descomponían con facilidad. Tuvieron entonces que inventar formas artificiales de conservarlos. El método más perfeccionado, la momificación, alcanzó su punto álgido en el Imperio Nuevo. Consistía en extraer primero los órganos internos (pulmones, cerebro, hígado, etc.) y desecar el resto del cuerpo cubriéndolo con un tipo de sal llamada natrón. A continuación, se rellenaba el cuerpo con lino y ungüentos aromáticos y se envolvía en vendas de lino. Muchas momias se han conservado muy bien dentro de sus ataúdes.

La preparación para
EL MÁS ALLÁ

A veces tenemos la impresión de que los antiguos egipcios se pasaban la mayor parte del tiempo pensando en la muerte, pero no es cierto. Les gustaba tanto la vida que creían que el Más Allá sería como el Egipto en el que vivían, aunque sin penas, preocupaciones o sufrimientos. Por eso no escatimaban esfuerzos en la realización de los preparativos que asegurasen su felicidad futura: erigían tumbas cómodas, repletas de muebles y pertenencias que pudieran necesitar. También organizaban el suministro regular de alimentos, bebida y diversiones. Esta tarea estaba encomendada a los sacerdotes y los parientes del difunto, ya que era deber de los vivos que el espíritu de los parientes muertos tuviera alimentos suficientes.

ALMAS Y ESPÍRITUS
Los egipcios creían que sus cuerpos tenían tres espíritus: ka, ba y akh. El ka era la fuerza vital. Después de la muerte permanecía en la tumba y era agasajado con las ofrendas y el trabajo de las figurillas (derecha).

El ba era la personalidad. Se representaba como un ave con cabeza humana (arriba), pero podía cambiar de forma y abandonar la tumba. El akh (cuyo símbolo era un ibis con cresta) se reunía con las estrellas o con Osiris.

RECORDATORIO
Las momias se decoraban con una imagen del difunto para que el ba reconociese el cuerpo. Los espejos y los peines contribuían al acicalamiento del difunto.

PLACERES CELESTIALES
Para garantizar la felicidad de las almas, se pintaban alimentos y músicos (abajo) sobre las tumbas.

¿De dónde procede la palabra momia?
De la palabra *mummiya*, que significa betún en árabe, pues los árabes creían que en la momificación se usaba esta sustancia.

SALUD Y RIQUEZAS
Era costumbre dejar joyas y tesoros en las tumbas de hombres y mujeres. Incluso los más pobres eran enterrados con alguna joya para que parecieran dignos en la nueva vida que compartirían con los dioses y las diosas.

SIRVIENTES CELESTIALES

Los ushepti (derecha) eran figuritas que se colocaban en el sepulcro para que ayudasen al difunto en la vida futura.

Ladrones de tumbas

Todos sabían que las tumbas ocultaban grandes riquezas. Estos tesoros permanecían a salvo mientras los guardianes vigilaban los lugares de enterramiento. Pero a lo largo de los siglos, las tumbas dejaron de tener protección y los ladrones entraron en ellas, aun a sabiendas de que ofendían a los dioses. Este delito era castigado con la ejecución, pero esto no impidió que las tumbas fueran saqueadas.

LARGA VIDA

Los órganos se guardaban y conservaban en los vasos canopes.

NAVEGAR HACIA EL CIELO

Algunas dinastías colocaban barcas en miniatura en las tumbas. Representaban la nave que transportaba a los difuntos por el Nilo hacia la vida eterna.

También se han hallado barcas de verdad en varias tumbas de Gizeh. Se cree que eran las barcas empleadas por el faraón en vida y también, tras su muerte, para el transporte de su cadáver por el Nilo hasta su lugar de descanso eterno.

La unión con LOS DIOSES

En el Imperio Antiguo, el dios principal era Ra, el dios sol, que cada día recorría el cielo en una barca. Sus hijos eran Tefnut (agua) y Shu (aire). Éstos eran los padres de Geb, la tierra, representado como un hombre tendido en el suelo; y Nut, la diosa cielo, representada como una mujer cuyo cuerpo se arqueaba para formar la bóveda celeste. De Geb y Nut nacieron Osiris, su esposa Isis, Set, señor del mal y las tormentas, su esposa Neftis y las estrellas. Set asesinó a su hermano Osiris, lo despedazó y lo arrojó al Nilo. Isis y Neftis unieron los pedazos y, con la ayuda de Anubis, devolvieron la vida a Osiris. Cuando un rey moría iba a los cielos para reunirse con los dioses.

LA PLUMA DE LA VERDAD
Anubis (arriba, a la izquierda, y abajo) era el dios del embalsamamiento. Él sostenía la balanza de la justicia. Para saber si los muertos eran dignos de unirse a Osiris (derecha), se pesaba su corazón en la balanza, contrapesada por la Pluma de la Verdad (arriba). Si la balanza quedaba equilibrada, significaba que la persona había sido piadosa. Si la balanza se desequilibraba, significaba que el corazón era malo. Entonces era arrojado a un terrible monstruo, que lo devoraba.

LAS IMÁGENES DE LOS DIOSES
Se creía que dioses como Geb (abajo, centro) y Shu (arriba, derecha) tenían barba. Los reyes (y las reinas que gobernaron como reyes) llevaban barbas falsas para mostrar su cercanía a los dioses.

¿Qué dios era el más poderoso?
Isis era la diosa con mayores poderes mágicos. Era una divinidad protectora, en particular de los muertos. Su culto se extendió por todo Egipto e incluso traspasó sus fronteras, llegando hasta Grecia, Roma y otros países. En la época romana, se sabe que fue venerada en lugares tan lejanos como el Muro de Adriano, en Gran Bretaña, construido en torno al 120 d.C.

Mascotas sagradas

Los egipcios deseaban estar cerca de sus dioses y diosas, pero ningún mortal tenía autorización para mirarlos. Por eso, se elegía un animal o ave concretos para representar a cada deidad. El espíritu del dios o la diosa entraba en el cuerpo de la criatura para estar cerca de sus fieles y confortarlos. Los gatos gozaban de especial popularidad. Muchos animales eran momificados igual que sus dueños.

HORUS

Horus, hijo de Isis (derecha) y Osiris, se enfrentó al malvado Set (abajo) y después se convirtió en rey de Egipto. En su lucha desesperada contra Set, Horus perdió el ojo izquierdo. El ojo de Horus se convirtió en símbolo del sacrificio y las ofrendas a los difuntos. El ojo del dios también simbolizaba la luna. Horus se representaba como un balcón (izquierda) en la antigua mitología y arte egipcios.

EL CULTO EN LOS TEMPLOS

Los egipcios construían templos enormes como hogar de los dioses y diosas en la tierra. Pero sólo podían entrar en ellos los sacerdotes, las sacerdotisas y la realeza.

Las familias corrientes rendían culto a los dioses en sus casas. La estatua de la deidad se guardaba en un santuario. A diario se sacaba para limpiarla, vestirla y llevarle las ofrendas.

*"Y una escalera se elevará hacia el
cielo para que yo ascienda…"*

(Texto 284 de las Pirámides)

*"Que el cielo haga brillar con fuerza
la luz del sol para ti, que te eleves
hacia el cielo…"*

(Texto 523 de las Pirámides)

Nuevas ideas e
INVESTIGACIONES

La pirámide era el lugar donde se enterraba
el cuerpo del rey y sus posesiones,
y donde se le hacían ofrendas eternas.
Pero también era el lugar desde donde
el espíritu del rey-dios se elevaba
hacia los cielos para unirse a
sus familiares, los dioses y
diosas.

La mayoría de los estudiosos están de
acuerdo en que se creía que las almas de
los primeros reyes ascendían hacia las
estrellas. Las pirámides escalonadas
eran escaleras hacia los astros, y
las pirámides de lados planos eran
como rayos de sol hechos de piedra,
por los que el rey podía ascender para
llegar hasta Ra.
Pero algunos estudiosos creen que las
pirámides podrían haber tenido otras
finalidades. ¿Representa la pirámide un
montículo, que en los relatos de la
creación egipcios era la primera tierra
que surgió de la nada acuosa original?
¿Imita el trazado de las pirámides de
Gizeh la posición de las estrellas que
forman las constelaciones de Orión y Sirio?
¿Cómo podemos explicar la ausencia de
varias momias y la existencia de
tumbas vacías?

Los secretos de
LAS ESTRELLAS

Los movimientos del sol, la luna y las estrellas eran importantes en la religión egipcia, y el calendario egipcio estaba basado en ellos. Cada semana estaba señalada por un nuevo grupo de estrellas que aparecían en el cielo del amanecer. Los egipcios dividían las estrellas en constelaciones, pero las agrupaban de manera diferente a nosotros. Los mapas celestes muestran el dios sol y las estrellas surcando el cielo en barcas. Esto revela la importancia que tenía el Nilo para los egipcios.

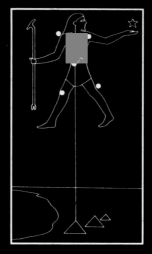

MAPAS CELESTIALES
El grupo de estrellas que llamamos Orión (izquierda) era Sahu para los egipcios. Creían que el alma de Osiris fue allí tras ser asesinado por su hermano Set. Cerca de Sahu/Osiris está la estrella Sirio, que los egipcios conocían como Sopdet. Ellos identificaban Sopdet con Isis, la esposa de Osiris. Sopdet permanece 70 días al año bajo el horizonte, invisible desde Egipto. Su regreso señalaba el Año Nuevo egipcio. Por entonces crecía el Nilo, y los egipcios pensaban que se debía a las lágrimas que derramaba Isis por Osiris.

DIOSES ESTELARES
Muchos templos se decoraban con los dioses de las constelaciones (derecha) y las deidades estelares.

AVES CELESTIALES
En el Imperio Antiguo, las golondrinas (izquierda) se identificaban con las estrellas. Anunciaban la aurora y en ocasiones se pintaban en la proa de la barca de Ra. En imágenes posteriores, también aparecía la cabeza de un halcón descendiendo del cielo. Representaba los rayos del sol y el ojo de Horus.

LA VACA SAGRADA
La vaca (derecha) era el animal sagrado de la diosa Hathor, la reina del cielo.

¿Cómo funcionaba el calendario egipcio?
La semana egipcia tenía 10 días. El mes tenía 3 semanas y el año, 12 meses. Había cinco días sagrados al final del año, lo que completaba un total de 365 días.

EL CIELO SAGRADO
Este jeroglífico (arriba, a la izquierda), que representa el cielo como un techo sólido, solía ponerse sobre los dinteles de las puertas.

UNA VISIÓN DEL MUNDO

Se pensaba que el sol era el ojo derecho del dios Horus.

EL AMOR DE LOS DIOSES

Los egipcios creían que el cielo era la diosa Nut (abajo), que extendía su cuerpo sobre la tierra. Nut se casó con Geb, el dios de la tierra, pero Ra se opuso al matrimonio y ordenó a su padre, Shu, que los separara para la eternidad. Sin embargo, para entonces Geb y Nut ya se habían convertido en padres de las estrellas y las cuatro grandes deidades.

Los misterios de los cielos

¿Qué finalidad tenían los cuatro estrechos conductos que conducen hasta el exterior desde las cámaras funerarias de la pirámide de Keops? Recientemente se ha descubierto que uno de los dos conductos de la cámara del rey señala las estrellas del norte, que nunca se ocultan bajo el horizonte. El otro apunta hacia Orión. ¿Era éste un pasadizo para que el alma del rey difunto llegara hasta Osiris? También se ha sugerido que los conductos de la cámara de la reina señalan las estrellas. Uno mira a Sirio: ¿podría ser otro pasadizo hacia los cielos?

Orión/
Sahu/
Osiris

Sirio/
Sopdet/
Isis

Las pirámides de Gizeh no están situadas en línea recta. El egiptólogo Robert Bauval afirma que están dispuestas como las tres principales estrellas de Orión/Sahu/Osiris y que su construcción se debe a motivos astronómicos, además de religiosos.

LAS ESTRELLAS DIVINAS

Las estrellas del norte se denominaban "Las Imperecederas" porque eran visibles durante todo el año.

Enigmas y
MISTERIOS

En la Edad Media (siglos v-xv d.C.) la gente creía que las pirámides eran graneros. Más tarde se pensó que eran observatorios. En el siglo XIX, una teoría aseguraba que las medidas de la Gran Pirámide estaban inspiradas por Dios y que ocultaban un código que podía predecir los principales acontecimientos de la historia mundial.

Todavía hoy son populares algunas ideas disparatadas sobre las pirámides, pero el hallazgo de nuevas pruebas aumenta constantemente nuestro conocimiento de estos inmensos y misteriosos monumentos.

¿UNA CÁMARA SECRETA?

En 1994, un equipo de científicos introdujo un pequeño robot llamado UPUAUT II en el conducto sur de la cámara de la reina de la pirámide de Keops. Querían saber si podían mejorar la ventilación de la pirámide, insuficiente para el gran número de turistas que la visitaba cada año. El robot recorrió unos 60 metros... y entonces su cámara de televisión mostró que un bloque de piedra con dos asas de cobre se interponía en su camino. ¿Qué se oculta tras esa portezuela? ¿Una cámara oculta? ¿Qué podría contener: una estatua, textos secretos, tesoros maravillosos... o nada en absoluto? Los científicos esperan descubrirlo metiendo una cámara diminuta a través de una grieta situada en la base de la piedra. ¿Qué revelará?

UN ANTIGUO ENIGMA

Los arqueólogos creen que la Esfinge fue tallada a partir de la piedra sobrante de una cantera tras completar las pirámides. Sin embargo, un estudioso asegura que es miles de años más antigua que las pirámides. Afirma que el viento y la lluvia han desgastado su rostro mucho más que la superficie de las pirámides, por lo que defiende que fue obra de una civilización anterior. Esto es poco probable, ya que no se ha hallado ningún otro rastro de tal civilización.

EXTRATERRESTRES EGIPCIOS

¡Incluso hay personas que creen que las pirámides fueron construidas por extraterrestres!

EL CASO DE LA MOMIA DESAPARECIDA

Cuando los arqueólogos entraron en la inacabada pirámide escalonada del rey Sekhemkhet, las piedras que bloqueaban el pasadizo estaban en su lugar y una pesada lápida de piedra perfectamente sellada cubría el ataúd, sobre el que todavía descansaba una corona de flores. Con gran emoción, lo abrieron y hallaron... ¡nada! ¿Qué le habría ocurrido al cuerpo? ¿Lo habrían enterrado en un lugar secreto para engañar a los ladrones? ¿Lo habrían robado? ¿O ni siquiera había sido enterrado? Hasta ahora la momia no ha aparecido, y es poco probable que esto ocurra. Parece que las pirámides jamás dejarán de presentar nuevos enigmas y misterios.

Investigación con tecnología punta

En los últimos años, la ciencia y la tecnología han ayudado a los arqueólogos a desentrañar muchos de los misterios de Egipto. Existen varios procedimientos para fechar los restos humanos y animales, la madera y los objetos de alfarería. Se han empleado rayos X para examinar las momias y los modernos escáneres médicos ofrecen una imagen inmejorable de lo que contienen. El escáner es muy útil, pues quitarle las vendas a una momia puede suponer su destrucción. Los escultores y los ordenadores pueden reconstruir ahora los rostros de las personas que vivieron hace 3.000 años.

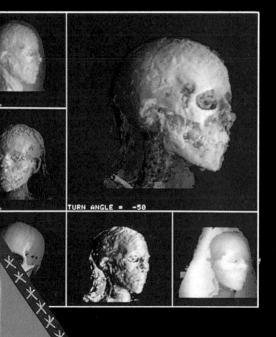

TURN ANGLE = -50

¿Qué aspecto tenían los egipcios? Para averiguarlo, los arqueólogos utilizan técnicas empleadas por la investigación criminal, como la reconstrucción de rostros a partir de cráneos antiguos mediante el ordenador o la arcilla.

"El método habitual de sacrificio
consistía en abrir el pecho de la
víctima, sacarle el corazón aún
palpitante, y después empujar al
hombre para que rodara por las
escaleras del templo, que estaban
cubiertas de sangre."

(José de Acosta, *Historia natural y moral
de las Indias*, 1590)

Las pirámides
DEL MUNDO

La civilización egipcia no fue la única que construyó grandes estructuras de forma piramidal. Los antiguos pueblos de Mesopotamia (hoy, Siria oriental, sureste de Turquía y la mayor parte de Irak) también levantaron edificios piramidales para acercarse a sus dioses y diosas. Los primeros fueron construidos por los sumerios en el tercer milenio antes de Cristo. Eran de adobe, a veces revestidos de ladrillos, y tenían cimas planas, sobre las que se alzaban los templos. Allí, los sacerdotes oraban y realizaban ofrendas a los dioses. Estas construcciones se llaman zigurats.

En Centroamérica y Suramérica, algunos pueblos como los aztecas y los incas también edificaron pirámides truncadas (izquierda). No eran tumbas, aunque a veces se enterraban algunas personas bajo ellas. En la cima de estas pirámides construían templos, donde ofrecían alimentos o sacrificaban animales y, en ocasiones, seres humanos. En Norteamérica, algunas culturas indias levantaron grandes túmulos piramidales que utilizaban como sepulcro y santuario.

Pirámides
FAMOSAS

Antes de la llegada de los europeos en el siglo XVI, Centroamérica y Suramérica fueron escenario del auge y el declive de muchas civilizaciones, entre ellas, la olmeca, la tolteca, la maya, la inca y la azteca. Estos pueblos construyeron primero grandes túmulos de tierra. Más tarde cubrieron los túmulos con bloques de piedra, hasta convertirlos en pirámides escalonadas de cima plana. Estos edificios eran para ellos lugares de encuentro entre los dioses y el pueblo. Tenían templos en la cima y, algunas, lugares de enterramiento bajo tierra. Cuando los europeos llegaron a América, destruyeron muchas ciudades y objetos del pasado.

SACRIFICIO Y CEREMONIA
Para aplacar a los dioses, los mayas ofrecían su propia sangre en ritos especiales. En ocasiones también ofrecían vidas humanas. Los aztecas creían que sus muchos dioses necesitaban corazones humanos para mantenerse fuertes, y sacrificaban a miles de personas. Los sacrificios aztecas y mayas se llevaban a cabo ante los santuarios situados en lo alto de las pirámides, como la de Tikal, en Guatemala (derecha). En algunas pirámides mayas se ha hallado una misteriosa escritura pictográfica que hoy día se está descifrando.

LAS PIRÁMIDES INCAS
En el siglo XV, los incas controlaban una inmensa región de Suramérica. Construyeron un gran templo llamado Coricancha (derecha) dedicado a su dios-sol, Inti, en la ciudad de Cuzco, Perú. Allí ofrecían alimentos y cerveza, y sacrificaban animales a su dios.

UNA PIRÁMIDE MODERNA
Una pirámide de cristal (derecha) es la nueva entrada al Museo del Louvre, en París (Francia). Es obra del arquitecto Ieoh Ming Pei, y se inauguró en 1989.

¿Algún otro pueblo momificaba a sus muertos?
La momificación es una práctica muy antigua en Suramérica. Las momias de los nazcas de Perú se remontan al periodo que comprende del 200 a.C. al 500 d.C. Las personas sacrificadas se enterraban a veces en la cordillera de los Andes, donde el hielo y la nieve las conservaban de forma natural.

EN MEMORIA DE LOS DIFUNTOS
Al igual que los egipcios, varios pueblos de América emplearon máscaras funerarias de piedra o de arcilla en los ritos funerarios tradicionales.

Algunos indios de Norteamérica también levantaron pirámides. Los misisipí construyeron sus poblados entre el 700 y el 1200 d.C. Los edificios importantes se situaban sobre grandes montículos de tierra (arriba). Otros muchos pueblos enterraron a sus muertos, acompañados de regalos y tesoros, en túmulos.

Una inspiración duradera

En el siglo XX, muchos arquitectos han diseñado edificios eligiendo formas piramidales y motivos decorativos egipcios. En Las Vegas, EE UU, hay un enorme casino inspirado en la Gran Pirámide. Tiene las mismas dimensiones que la tumba de Keops y está guardado por una esfinge gigantesca. Muchos motivos decorativos, como los empleados en el rascacielos Empire State Building, de Nueva York, o los del bloque de apartamentos de la fotografía inferior, en San Francisco (EE UU), se inspiran en las pinturas murales que adornan las pirámides egipcias. En los azulejos modernos y el papel pintado también aparecen a veces motivos de inspiración egipcia, como hojas de papiro o flores de loto.

EDIFICIOS BÍBLICOS

Los primeros pueblos de Mesopotamia construyeron templos de adobe sobre las ruinas de templos más antiguos. Con los años se fueron superponiendo los templos y se convirtieron en enormes edificios escalonados parecidos a las primeras pirámides.

Estas pirámides escalonadas se llaman zigurats. El gran zigurat Etemenanki fue levantado en Babilonia bajo el reinado de Nabucodonosor II (604-561 a.C.). Pudo haber inspirado el relato bíblico de la Torre de Babel (arriba).

Una imagen PERDURABLE

UNA MODA DURADERA
Los gobernantes del Imperio Medio egipcio también levantaron pirámides, hechas de adobe en lugar de piedra. Sin embargo, los gobernantes del Imperio Nuevo, sabedores de que las pirámides eran un blanco fácil para los ladrones, decidieron enterrarse en un valle remoto, el Valle de los Reyes, en tumbas subterráneas cavadas en la roca. A pesar de ello, la pirámide no cayó en el olvido: el valle está presidido por una montaña piramidal. Además, los trabajadores que excavaron las tumbas, y que construyeron su propio poblado en Deir-al-Medina, se hicieron sepulturas rematadas con pirámides en miniatura.

La expedición de Napoleón a Egipto en 1798 despertó un gran interés por todo lo egipcio. Ese entusiasmo volvió a suscitarse tras la apertura del canal de Suez, en 1869. Ya en 1922, el descubrimiento de la tumba de Tutankhamón reavivó la pasión por la cultura egipcia. Aumentó el número de personas que visitaban el país y coleccionaban antigüedades egipcias. También se extendió la moda egipcia en joyas, muebles, edificios y objetos decorativos (abajo). Las imágenes egipcias se usaron de formas muy variadas, incluso en cosas que no tenían nada que ver con Egipto, como este anuncio de maquillaje (derecha). Las formas piramidales y los motivos egipcios se emplean aún en muchos productos.

¿Cuánto mide la Gran Pirámide?
Los lados tienen una longitud de 229 m y una altura de 145 m. La base es tan grande que cabrían en ella ocho campos de fútbol.

¿PARA QUÉ SERVÍAN?

Un mosaico de la catedral de San Marcos, en Venecia (Italia), confirma que la gente de la Edad Media creía que las pirámides eran antiguos graneros construidos por José. Aparecen con puertas y ventanas, una idea hallada en varios libros antiguos (ver la ilustración inferior, de un libro de 1694).

COSTUMBRES REPUGNANTES

En la Europa medieval, muchos pensaban que las momias tenían poderes curativos. Por eso las molían hasta conseguir un polvo fino que usaban en los medicamentos. El rey francés Francisco I (abajo) creía ciegamente en las propiedades benefactoras de las momias. En el siglo XIX se usaban como adornos algunas partes de las momias, y la retirada de sus vendajes era un acontecimiento social.

¿Aún más por descubrir?

A pesar de los siglos de exploración y descubrimiento, todavía quedan muchos misterios por resolver. No todos los yacimientos han sido excavados aún, y es probable que se encuentren nuevos lugares de interés. Por ejemplo, hace muy poco tiempo que se han excavado los restos del templo de acogida de Keops y una antigua panadería. En 1995 se realizó un

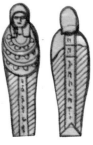

apasionante descubrimiento en el Valle de los Reyes: las tumbas excavadas en la roca de varios hijos del rey Ramsés II. Cada año surgen varias teorías nuevas sobre cómo y por qué se construyeron las pirámides. ¿Serán correctas nuestras ideas? Ocurra lo que ocurra, los misterios de las pirámides continuarán intrigando a personas de todo el mundo en los siglos venideros.

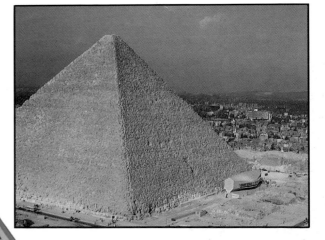

Hacia 5000-3100 a.C.: *Periodo predinástico. Formación del Alto y el Bajo Egipto.*

Hacia 3000-2000 a.C.: *Los sumerios erigen los primeros zigurats.*

Hacia 3100-2686 a.C.: *Periodo arcaico (Dinastías I-II). El Alto y el Bajo Egipto se unen.*

Hacia 2686-2150 a.C.: *Imperio Antiguo (Dinastías III-VI).*

Hacia 2686-2649 a.C.: *Reinado de Zoser.*

Hacia 2660 a.C.: *Construcción de la Pirámide Escalonada del rey Zoser.*

Hacia 2589-2566 a.C.: *Reinado de Keops.*

Hacia 2580 a.C.: *Construcción de la Gran Pirámide.*

Hacia 2666-2505 a.C.: *Reinado de Kefrén y Micerino*

Hacia 2150-2040 a.C.: *Primer Periodo Intermedio (Dinastías VII-X). Colapso de la monarquía.*

Hacia 2040-1640 a.C.: *Imperio Medio (Dinastías XI-XIII).*

Hacia 2040 a.C.: *Reunificación de Egipto.*

Hacia 1640-1552 a.C.: *Segundo Periodo Intermedio (Dinastías XIV-XVII). Invasión de los hyksos, que más tarde son expulsados.*

Hacia 1552-1085 a.C.: *Imperio Nuevo (Dinastías XVIII-XX). Enterramientos reales en el Valle de los Reyes.*

Hacia 1085-664 a.C.: *Tercer Periodo Intermedio (Dinastías XXI-XXV).*

Hacia 664-332 a.C.: *Época baja (Dinastías XXVI-XXX).*

Hacia 525-404 y 341-332 a.C.: *Los persas toman Egipto.*

605-562 a.C.: *Reconstrucción de la ciudad de Babilonia.*

332 a.C.: *Alejandro Magno conquista Egipto.*

323-30 a.C.: *La dinastía ptolemaica gobierna Egipto.*

30 a.C.: *Egipto pasa a formar parte del Imperio Romano.*

250-900 d.C.: *Auge del imperio maya.*

639-642 d.C.: *Los árabes invaden y gobiernan Egipto.*

700-1200 d.C.: *Construcción de túmulos por los indios norteamericanos.*

950-1200 d.C.: *Los toltecas invaden y gobiernan los territorios mayas.*

s. xv: *Expansión de los imperios azteca e inca.*

s. xvi: *Los españoles conquistan los imperios americanos.*

1798: *Napoleón Bonaparte invade Egipto.*

1799: *Se descubre la piedra de Rosetta en el norte de Egipto.*

1817: *Giovanni Caviglia abre la Gran Pirámide.*

1822: *Se descifran los jeroglíficos.*

1850: *Auguste Mariette excava Saqqara.*

1880-1881: *Petrie explora todas las pirámides de Gizeh.*

1900: *Comienzan las excavaciones en Saqqara y Gizeh.*

1922: *Hallazgo de la tumba de Tutankhamón.*

1994: *El UPUAUT II encuentra una portezuela en un conducto de ventilación de la Gran Pirámide de Gizeh.*

1995: *En el Valle de los Reyes se descubren varias tumbas excavadas en la roca, pertenecientes a los hijos de Ramsés II.*

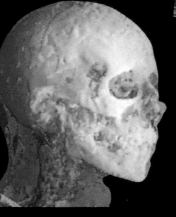

ÍNDICE ALFABÉTICO

Fotografías: 4-5: Robert Harding Picture Library; 10 sup., 11 sup.: Hulton Deutsch; 10 inf.: Archivo fotográfico Mary Evans; 11 inf., 30 inf., 34: Frank Spooner Pictures; 12, 18, 22, 23, 25 sup.: Cortesía del patronato del Museo Británico, Londres; 25 inf., 35: Eye Ubiquitous; 30 sup.: Cortesía de Rudolf Gantenbrink; 31, 39: Science Photo Library; 36: Roger Vlitos; 37: Hutchison Library.